BEI GRIN MACHT SICH IHR WISSEN BEZAHLT

- Wir veröffentlichen Ihre Hausarbeit,
  Bachelor- und Masterarbeit

- Ihr eigenes eBook und Buch -
  weltweit in allen wichtigen Shops

- Verdienen Sie an jedem Verkauf

Jetzt bei www.GRIN.com hochladen
und kostenlos publizieren

René Marholdt

Homosexualität im Profisport und der Einfluss auf die Gesundheit

Homosexualität im Profifußball in Deutschland

GRIN Verlag

Bibliografische Information der Deutschen Nationalbibliothek:

Die Deutsche Bibliothek verzeichnet diese Publikation in der Deutschen National-
bibliografie; detaillierte bibliografische Daten sind im Internet über http://dnb.d-
nb.de/ abrufbar.

Impressum:

Copyright © 2013 GRIN Verlag GmbH
Druck und Bindung: Books on Demand GmbH, Norderstedt Germany
ISBN: 978-3-656-40831-4

Dieses Buch bei GRIN:

http://www.grin.com/de/e-book/212184/homosexualitaet-im-profisport-und-der-
einfluss-auf-die-gesundheit

GRIN - Your knowledge has value

Der GRIN Verlag publiziert seit 1998 wissenschaftliche Arbeiten von Studenten, Hochschullehrern und anderen Akademikern als eBook und gedrucktes Buch. Die Verlagswebsite www.grin.com ist die ideale Plattform zur Veröffentlichung von Hausarbeiten, Abschlussarbeiten, wissenschaftlichen Aufsätzen, Dissertationen und Fachbüchern.

Besuchen Sie uns im Internet:

http://www.grin.com/

http://www.facebook.com/grincom

http://www.twitter.com/grin_com

HOCHSCHULE FÜR ANGEWANDTE WISSENSCHAFTEN

FAKULTÄT LIFE SCIENCES

STUDIENGANG GESUNDHEITSWISSENSCHAFTEN

Wie wirkt sich Homosexualität im Profisport auf die Gesundheit aus? -

Am Beispiel von Homosexualität im Profifußball in Deutschland

Verfasser:	René Marholdt
Semester:	Wintersemester 2012/13
Abgabetermin:	28.02.2013

Inhaltsverzeichnis

1. Einleitung

Homosexuelle Tendenzen und Lebensweisen werden in der heutigen, westlichen Gesellschaft, weitestgehend toleriert. Dennoch ist das Leben, auch in Deutschland, gerade für homosexuelle Frauen und Männer nicht immer einfach. Sei es Diskriminierung am Arbeitsplatz, im privaten Bereich oder in der Öffentlichkeit. Aktuell wird in der Öffentlichkeit und in den Medien viel über das Thema Homosexualität im Profifußball berichtet. Aus gegebenem Anlass möchte ich mich in dieser Arbeit auf die Integration homosexueller Frauen und Männer im Profifußball, mit Bezug auf psychische und physische Folgen für die Gesundheit, beziehen.

2. Hintergrund

Homosexualität wurde über Jahrhunderte als Krankheit klassifiziert. Selbst die Weltgesundheitsorganisation (WHO) definierte sie im „International Classification of Diseases" (ICD) bis zum 17.05.1992 als psychische Erkrankung (vgl. Mildenberger, 2002). Auch wurde unter bestimmten Voraussetzungen männliche Homosexualität in der Bundesrepublik Deutschland bis zum 31.05.1994 im Paragraph §175 StGB mit Strafe bedroht und somit kriminalisiert (vgl. Pschyrembel, 2007, S. 834). Hierbei ist anzumerken, dass weibliche Homosexualität in Deutschland offiziell nicht unter Strafe stand aber dennoch gesellschaftlich geächtet wurde. Des Weiteren wird Homosexualität seit Jahrhunderten von der Kirche für moralisch bedenklich gehalten. Noch heute ist Homosexualität in der Sexualpolitik des Papstes geächtet und als Sünde dargestellt (vgl. Steinert, 2011, S. 23). Durch diese historischen Umstände sind bis heute große Teile der Bevölkerung in Deutschland Homosexuellen gegenüber negativ und ablehnend gestimmt und tolerieren diese sexuelle Orientierung nicht oder nur bedingt. Zweifelsohne gab und gibt es in den letzten Jahren und Jahrzehnten ein Umdenken in großen Teilen der Bevölkerung. Jedoch gibt es bis heute ein großes gesellschaftliches Tabuthema: Homosexualität im Profisport und besonders im Profifußball. Es gibt bereits seit vielen Jahren Diskussionen in Deutschland, ob homosexuelle FußballspielerInnen sich zu ihrer sexuellen Orientierung bekennen sollen oder nicht (vgl. Lück, 2004).

3. Diskriminierung von Homosexuellen im Profisport

Diskriminierung und Benachteiligung von Homosexuellen Frauen und Männern im Profisport ist bis heute ein wenig behandeltes, sensibilisiertes und diskutiertes Themengebiet. Während andere Probleme im Sport, zum Beispiel Rassismus, Antisemitismus oder Gewalt während und nach

Fußballspielen, bereits seit den 1980er Jahren verstärkt wahrgenommen und diskutiert werden, so wird die Problematik der Homophobie[1] bisweilen verschwiegen oder verharmlost (vgl. Walther-Ahrens, 2011, S. 65). Es kann davon ausgegangen werden, dass Heterosexualität als einzige Norm im Profisport angesehen wird und andere sexuelle Orientierungen bewusst ausgegrenzt, verleugnet oder verschwiegen werden. So behaupten viele Sportvereine von sich, dass es keine Homosexuellen in ihren Reihen gibt und somit wird eine heterosexuelle Norm suggeriert[2], während homosexuelle Verhaltensweisen als identitätsverletzend oder als Regelbruch angesehen werden. Aus diesem Grund verschweigen viele SportlerInnen ihre eigene Homo- oder Bisexualität (vgl. Eggeling, Statement zur öffentlichen Anhörung „Homosexualität im Sport" des Sportausschusses des deutschen Bundestages, 2011).

3.1. Diskriminierung von Homosexuellen Männern im Profifußball

„Ich würde keinem Profi raten, sich zu outen. Der soziale Druck wäre nicht auszuhalten" (Littmann, 2005). Diese Einstellung verfolgen viele nationale und internationale Fußballspieler- und Trainer, denn Fußball gilt als einer der letzten klassischen Männersportarten (vgl. Eggeling, 2010, S. 25). *Einige aktive Fußballspieler- und Fans bezeichnen das Fußballspiel auch als eine Art Kampfsportart, da in dieser Sportart viel Körpereinsatz gegeben ist, welcher auch sehr schnell zu schmerzhaften Verletzungen führen kann.* Somit sei „Männlichkeit" im Fußball unverzichtbar. Für viele heterosexuelle Männer gelten homosexuelle Männer als zu „weibisch", zu emotional und als wenig durchsetzungsfähig. Die Diskriminierung Homosexueller Männer beginnt schon bei einfachen Begriffen, wie dem „schwulen Pass", ein Synonym für einen Fehlpass (vgl. Eggeling, 2010, S. 24). *Aus diesem Grund* bemühen sich Fußballer so heterosexuell wie nur möglich zu wirken. Des Weiteren kann ein Coming-out[3] zum Ausschluss aus Vereinen, Sportverbänden oder Teams führen. Dies würde zum Ende der gesamten Karriere und somit zum Verlust der Existenzgrundlage des Profifußballers führen. Auch wird Homosexualität sehr häufig als promisk[4] gedeutet, obwohl der Sport an sich eine asexuelle Aktivität ist (vgl. Eggeling, 2010, S. 26). Um dem Idealbild des heterosexuellen Sportlers zu entsprechen, schaffen sich viele homosexuelle Fußballspieler eine zweite Identität mit Frau und Kindern. Als Konsequenz aus diesem Versteckspiel besteht bei Homosexuellen Fußballern gehäuft ein selbstverleugnendes – und selbsthassendes Verhalten (vgl. Lück, 2004). Weiter findet gehäuft eine symbolische Diskriminierung in Form von

---

[1] Homophobie: eine starke [krankhafte] Abneigung gegen Homosexualität habend, zeigend (Duden: 2013)
[2] Suggerieren: jemandem etwas [ohne dass ihm dies bewusst wird] einreden oder auf andere Weise eingeben [um dadurch seine Meinung, sein Verhalten o. Ä. zu beeinflussen]; einflüstern (Duden: 2013)
[3] Coming-out: absichtliches, bewusstes Öffentlichmachen von etwas, insbesondere der eigenen Homosexualität (Duden: 2013)
[4] Promiskuität: Geschlechtsverkehr mit beliebigen, häufig wechselnden Partnern (Duden: 2013)

Bildern und über die Sprache statt. Häufig geschieht dies im Zusammenhang mit dem Totschweigen von männlicher Homosexualität im Profifußball, denn wo eine rein heterosexuelle Norm existiert kann homosexuelles Verhalten sehr schnell als abnormal gewertet werden (vgl. Walther-Ahrens, 2011, S. 64f). Es wird also aufgrund von zugeschriebenen Gruppenmerkmalen in männlichen Stereotypen diskriminiert. Am meisten aber wird verbal diskriminiert, wobei allerdings seltener ein Mensch persönlich angegriffen wird.

3.2. Diskriminierung von Homosexuellen Frauen im Profifußball

Neben der Diskriminierung Homosexueller Männer im Profifußball gibt es auch Diskriminierungen gegenüber homosexuellen Frauen im Profifußball. Zwar herrscht heute die allgemeine Meinung vor, dass lesbische Frauen im Fußball akzeptiert sind, so glauben viele Menschen sogar, dass so gut wie alle Fußballspielerinnen lesbisch sind, jedoch ist das eher die Folge davon, dass Frauenfußball bis heute weniger im öffentlichen Blickfeld steht. Viele Menschen glauben sogar, dass so gut wie alle Fußballspielerinnen lesbisch sind, jedoch ist das eher die Folge davon, dass Frauenfußball bis heute weniger im öffentlichen Blickfeld steht. Anzumerken ist allerdings, dass auch Frauen in den höheren Ligen ihre homosexuellen Neigungen nicht nach außen tragen sollen, auch wenn die Homosexualität den Teamkolleginnen bekannt ist (vgl. Eggeling, 2010, S. 25). Ohnehin wird Frauenfußball bis heute als *„missglückte Imitation des Männerfußballes"* angesehen (vgl. Eggeling, 2010, S. 25). Fußballspielerinnen werden, da sie einen „Männersport" betreiben, oftmals nicht mehr als „echte" Frauen angesehen, da sie zu *„kerlig, robust, roh und damit zu unattraktiv sind"* (Eggeling, 2011, S. 25). – Die gleichen stereotypen Eigenschaften, welche den lesbischen Frauen allgemein zugeschrieben werden.

4. Auswirkungen auf die Gesundheit

Die Tatsache, dass Homosexuelle im Profifußball vielen Problemen gegenübergestellt sind,? lässt auch den Schluss zu, dass sich diese Umstände negativ auf die Gesundheit der betroffenen Menschen auswirken können. Dies kann sich sowohl auf die psychische- als auch auf die physische Gesundheit beziehen. Auf der einen Seite steht ein ewig währender innerer Konflikt mit der eigenen sexuellen Identität, auf der anderen Seite die ständige Angst vor dem Coming-out und damit dem wahrscheinlich unvermeidbarem Karriereende.

4.1.   Auswirkung auf die psychische Gesundheit

Auf Grund von negativen Stigmatisierungen[5], Vorurteilen und Diskriminierung ist besonders die Psyche von FußballspielerInnen gefährdet. Da homosexuelle SpielerInnen häufig aus den eigenen Reihen und aus anderen gesellschaftlichen Schichten Stigmatisierungen gegen Homosexuelle Menschen zu hören bekommen, wird es für sie noch schwieriger, sich mit der eigenen sexuellen Identität auseinander zu setzen. Die Homosexuellen SpielerInnen müssen eigene Strategien entwickeln, um ihre sexuelle Orientierung vor den MitspielerInnen, TrainerInnen und Fans zu verbergen oder zu leugnen (vgl. American Psychological Association, 2008, S. 4 ff). Die persönlichen Ressourcen der betroffenen Frauen und Männer werden dauerhaft überbeansprucht und lösen so mittelbar oder unmittelbar psychische Probleme, z.B. Burn-out oder Depressionen, aus. Dieser persönliche innere Druck kann bis hin zu Selbstmordgedanken der Betroffenen führen. Könnten sich Homosexuelle FußballspielerInnen öffentlich outen, sich mit ihren PartnerInnen in der Öffentlichkeit und bei Fußballspielen zeigen und somit freier mit ihrer eigenen sexuellen Orientierung umgehen, so würde sich dies positiv auf die psychische Gesundheit auswirken und bei der Entwicklung eines besseren und authentischeren Selbstwertgefühls beitragen   (vgl. Hulka, 2011). Ein Coming-out würde Betroffenen ebenfalls die Möglichkeit geben,? mit Anderen offen über ihre Ängste, Probleme und Vorstellungen zu sprechen. Weiter könnten sie sich sogenannten *„Communitys"* für Homosexuelle anzuschließen und somit soziale und emotionale Unterstützung bei ihren Fragen und Sorgen zu erhalten (vgl. American Psychological Association. 2008. S. 6-7).?

4.2.   Auswirkung auf die physische Gesundheit

Die körperliche Gesundheit ist durch die Stellung homosexueller Frauen und Männer im Profifußball ebenfalls gefährdet. Es kann davon ausgegangen werden, dass Homosexuelle stärker von Suchtmittelmissbrauch betroffen sind als heterosexuelle Frauen und Männer. So kann als Folge der psychischen Dauerbelastung eine Abhängigkeit von Alkohol, illegalen Substanzen oder Medikamenten entstehen (vgl. Gastpar, 2008). Auf Grund der Abhängigkeit von diesen bewusstseinsbeeinflussenden Substanzen kommt es unweigerlich zu weiteren Folgeerkrankungen wie Fettleber, Alkoholhepatitis, Leberzirrhose oder Gastritis (vgl. Pschyrembel, 2007, S. 49). Daraus resultieren mangelnde Leistungen im Training und Konzentrationsmangel bei Fußballspielen und im Fußballtraining (vgl. Alkohol und Sport, 2011). Diese Umstände machen deutlich, dass ein erhöh-

---

[5] Stigma (bildungssprachlich): etwas, wodurch etwas oder jemand deutlich sichtbar in einer bestimmten, meist negativen Weise gekennzeichnet ist und sich dadurch von anderem unterscheidet (Duden: 2013)

ter Substanzmissbrauch bei FußballspielerInnen die Profikarriere gefährden oder sogar dauerhaft beenden kann.

5. Diskussion

Homosexuelle FußballspielerInnen stehen im radikalen Widerspruch zu der heutigen Norm im deutschen Profifußball. Auf der einen Seite sehen sie die positiven, gesellschaftlichen Veränderungen gegenüber dem Thema Homosexualität, auf der anderen Seite sehen sie die Homophoben Tendenzen im Profifußball, sei es von MitspielerInnen, GegenspielerInnen, TrainerInnen oder Fans. Homosexuelle SpielerInnen wünschen sich einerseits die eigene Freiheit, sich zu ihrer eigenen sexuellen Identität zu bekennen, andererseits steht die Angst im Vordergrund, die eigene Karriere negativ beeinflussen und die persönliche Existenz zu gefährden zu können (vgl. Eggeling, 2010). Dieser innere Konflikt ist eine hohe Belastung für die Psyche der Betroffenen und stellt sie täglich vor neue Herausforderungen und neue, innere Konfliktsituationen.

6. Fazit

Abschließend lässt sich zusammenfassen, dass sich die heutige gesellschaftliche Stellung von Homosexuellen im Profifußball negativ auf die Gesundheit der Betroffenen auswirkt. Auch wenn Homosexualität heute in fast allen gesellschaftlichen Bereichen toleriert wird bleibt festzustellen, dass homosexuelle FußballerInnen weiter an Ausgrenzung, Diskriminierung und unter Spott leiden müssen. Unsere Gesellschaft muss noch sehr viel gegen Diskriminierung im Sport unternehmen, damit homosexuelle Frauen und Männer im Sport, besonders aber im Profifußball, integriert und akzeptiert werden. Als Ursache kann festgestellt werden, dass Fußball bis heute eine stark heterosexuell- und männerdominierte Sportart ist. Erste Schritte zur Emanzipation von Homosexuellen im Profifußball durch den Deutschen Fußballbund (DFB) wie der „Coming-out Leitfaden" für Fußballvereine, sind ein erster guter Schritt (vgl. Scherer, 2013). Allerdings muss weiterhin mehr dafür getan werden, dass homosexuelle FußballspielerInnen sich outen können und ohne Angst vor Diskriminierung ihrem Sport nachgehen können, z.B. durch weitere Aufklärungskampagnen über weibliche und männliche Homosexualität.

Literaturverzeichnis

American Psychological Association. (2008). Answer to your questions: For a better understandung of sexual orientation and homosexuality.
URL: http://www.vlsp.de/system/files/Antworten.pdf (Zugriff: 21.02.2013)

Deutscher Bundestag, Sportausschuss
URL:
http://www.bundestag.de/bundestag/ausschuesse17/a05/anhoerungen/Homosexualit__t_im_S
port/Stellungnahmen/eggeling.pdf (Zugriff: 20.02.2013)

Duden. Duden online.
URL: www.duden.de (Zugriff: 20.02.2013)

Eggeling, T. (2010). Homosexualität im Fußball – Ein Widerspruch? – In: Aus Politik und Zeitgeschichte, 15-16/2010

Gastpar, M. (2008). Wenn Männer depressiv werden.
URL: http://www.stern.de/wissen/mensch/psyche-wenn-maenner-depressiv-werden-642534.html (Zugriff: 21.02.2013)

Heitmüller, J. (2000). "Es ist normal verschieden zu sein!" Homosexualität als Thema der Sexualerziehung, Magdeburg: Tectum Verlag.

Hulka, N. (2011). Homosexuelle: Wann das Coming-out besonders glücklich macht
URL: http://www.spiegel.de/gesundheit/sex/homosexuelle-wann-das-coming-out-besonders-gluecklich-macht-a-864795.html (Zugriff: 21.02.2013)

Lück, O.; Schäfer, R. (2004). Warten auf das Coming-out. Homosexualität im Profifußball. In: RUND - Das Fußballmagazin 1/2004

Mildenberger, F. (2002). Psychiater, Kriminalpsychologen und Gerichtsmediziner über männliche Homosexualität 1850 - 1970, MännerschwarmSkript Verlag, Hamburg, 1. Auflage

O.V. (2011). Alkohol und Sport
URL: http://www.trainingsworld.com/ernaehrung/gesund-fit/alkohol-und-sport-1278486.html
(Zugriff: 21.02.2013)

Pschyrembel. Klinisches Wörterbuch. (2007). Berlin, New York: deGruyter. 261. neu überarbeitete und erweiterte Ausgabe

Scherer, P. (2013) Homosexualität im Fußball - viel Aufklärung nötig
URL: http://www.rp-online.de/sport/fussball/homosexualitaet-im-fussball-viel-aufklaerung-noetig-1.3206657 (Zugriff: 21.02.2013)

Sigusch, V. (2010). Homosexuelle zwischen Verfolgung und Emanzipation. In: Aus Politik und Zeitgeschichte, 15-16/2010

Steinert, J. (2008): Abpfiff! Gegen Homophobie im Fußballstadion! - In: Respekt! Zeitschrift für Lesben- und Schwulenpolitik, 03/2008, S. 25

Steinert, J. (2010): FES OnlineAkademie - WM Spezial 2010 - Sport und Homosexualität
URL:

http://www.fes-online-akademie.de/common/medien/100527_sport_homosexualitt_final.pdf
(Zugriff: 21.02.2013)

Steinert, J. (2011): Nachlese. Bündnis "Der Papst kommt" - In: Respekt! Zeitschrift für Lesben-
und Schwulenpolitik, 02/2011, S. 23

Walther-Ahrens, T. (2011). Seitenwechsel. Coming-out im Profifußball, Gütersloh: Gütersloher
Verlagshaus

Weinert, B. (2010). Homophobie ist ein Zeichen von Intoleranz. - In: tv diskurs. Verantwortung in
audiovisuellen Medien